FORMAÇÃO
CRIPTO

Sumário

Introdução: 3

Cap. I: O que é criptomoeda, termos técnicos, mitos e apresentações   7

Cap II. Como identificar qual seu perfil de investidor para identificar quais projetos procurar?   28

Cap. III : Quanto da minha renda devo investir em Criptomoedas? Dicas de Diversificação   36

Cap. IV: Passo a passo de como criar carteira na Trust Wallet e principais configurações   41

Cap. V - Comportamento dos investidores perante à especulações, notícias e movimentação do bitcoin   43

Cap VI - Golpes mais comuns no mercado das Criptomoedas.   47

Cap. VII: Bitcoin e CRIPTOS ALTERNATIVAS   60

Binance   87

PancakeSwap.   99

Uniswap   101

Trader Joe   105

Cap. IX: Carteiras digitais quentes e frias: 110

Cap X: ANÁLISE FUNDAMENTALISTA   118

Considerações Finais   132

Introdução:

Enquanto muitos brasileiros estão endividados ou perdidos em como crescer financeiramente em meio a essa crise financeira pós-pandêmica, você está aqui! E posso dizer, com certeza: você está um passo à frente de 90% dos brasileiros.

Ter conhecimento sobre gestão financeira te levou a entender um pouco mais sobre o mercado financeiro, e cá está você buscando conhecimento sobre um dos assuntos mais importantes do sistema financeiro atual: criptomoedas.

No entanto, o que é exatamente uma criptomoeda? Basicamente, é uma moeda digital ou virtual protegida por criptografia. É uma forma de ativo digital baseada em uma rede distribuída por um grande número de computadores. Essa estrutura descentralizada permite que eles existam fora do controle estatal.

O fato de esta moeda ser protegida pela criptografia torna quase impossível que alguém a possa falsificar ou gastar duas vezes. Com uma criptomoeda você pode realizar pagamentos online seguros sem o uso de intermediários de terceiros.

Dentre as várias criptomoedas existentes, a mais famosa é o Bitcoin. Uma pessoa anônima chamada Satoshi Nakamoto o inventou e o apresentou ao mundo através de um white paper em 2008 e foi disponibilizado ao público em 2009, além da criptomoeda mais famosa é também a mais negociada. Em maio deste ano havia mais de 19 milhões de bitcoins em circulação com um valor de mercado de US$ 576 bilhões. Hoje 1 BTC equivale a R$ 119.988,98.

No entanto, é necessário entender que criptomoedas não se tratam apenas de Bitcoin. Existem hoje quase 20 mil criptomoedas listadas no

CoinMarketCap (site de monitoramento de preços de criptoativos de maior referência do mundo).

Veja uma pequena lista das 20 principais criptomoedas atuais:

Bitcoin
Ethereum
Tether
USD Coin
BNB
Avalanche
XRP
Binance USD
Cardano
Solana
Polkadot
Dogecoin
Avalanche
Shiba Inu
Lido Staked Ether
Dai
Polygon
Vectorium
TRON
Wrapped Bitcoin

A criptomoeda pode servir como uma alternativa eficaz ou balancear o ativo em dinheiro, que pode se depreciar ao longo do tempo devido à inflação. A criptomoeda é um ativo que pode ser investido, e, alguns, como o bitcoin, tiveram um desempenho extremamente bom nos últimos cinco anos . Há riscos, é claro, como no mercado financeiro tradicional também há. Por isso, é preciso, antes de investir, conhecer profundamente para que você possa correr riscos calculados e não apenas agir de forma emotiva e irracional com as criptomoedas.

Então, você está pronto(a)? Neste e-book você vai conhecer detalhadamente tudo o que precisa para começar a investir em criptomoedas. Esteja mais que um passo à frente, esteja preparado para crescer com as criptomoedas!

Cap. I: O que é criptomoeda, termos técnicos, mitos e apresentações

A criptomoeda tornou-se extremamente popular nos últimos anos, e se tornou popular pois qualquer um pode usar uma criptomoeda, basta ter um computador ou smartphone e uma conexão com a internet. As transações são rápidas, baratas (quando comparadas às transações dos bancos tradicionais) e, sobretudo, têm sido uma saída contra a inflação da nossa moeda - a criptomoeda é uma proteção contra a inflação.

A grande verdade que nos assusta como brasileiros é que a moeda brasileira atual completará em 2023 três décadas de existência, sendo a NONA tentativa de moeda brasileira, precedida por Réis, Cruzeiro, Cruzeiro novo, Cruzado, Cruzado novo, Cruzeiros e Cruzeiro real e, pasmem: ao longo desse tempo o Real perdeu 85% do seu poder de compra.

Veja os gráficos abaixo. O primeiro trata da desvalorização do Real desde sua criação até o ano de 2021. O segundo trata da desvalorização comparada entre o Dólar e o Real entre 1994 e 2021.

Agora imagine alguém que investiu somente em Real e ativos brasileiros durante 27 anos. Concorda comigo que o seu patrimônio investido pode ter perdido em até 85% o valor?

O investimento em criptomoedas tem sido uma saída para os críticos dessa desvalorização tão gritante da moeda brasileira, quiçá até mesmo uma ótima alternativa para aqueles que julgam o Brasil como um país que ainda não tem uma economia tão livre como gostariam.

No entanto, vamos ao que de fato interessa: conhecer de criptomoedas.

Já te apresentamos o conceito de criptomoedas na apresentação desse ebook. Logo, você já sabe que criptomoedas são uma forma de pagamento digital com autenticação, que não depende de bancos confirmação das transações, como ocorre no mercado financeiro tradicional. A criptomoeda é chamada assim, pois usa um sistema de criptografia para autenticar as transações. E seu objetivo é trazer segurança, comodidade e liberdade para quem as usa.

É um sistema ponto a ponto (Peer to Peer) que permite que qualquer pessoa envie ou receba pagamentos de qualquer lugar do mundo, a qualquer horário, sem limites por transações. Basicamente, é o mercado mais livre do mundo!

Para começar a investir em cripto você precisa armazenar suas criptomoedas em uma carteira digital. Essas carteiras são semelhantes às carteiras das corretoras digitais, por onde, felizmente, muitos brasileiros têm investido, seja em títulos públicos ou ações do mercado financeiro global.

No entanto, com as criptomoedas, ao invés do dinheiro físico que é negociado no mundo real, as transações existem apenas no mundo cripto, ao qual damos o nome de Blockchain.

Blockchain é um sistema que monitora e rastreia o envio e recebimento de alguns tipos de informações pela internet. É basicamente um banco de dados online que registra todas as transações de todas as carteiras existentes em esfera global. Resumindo, quando você faz uma transação ela é registrada em uma espécie de "Livro Contábil" público.

Vale ressaltar que as transações de bitcoin, por exemplo, são transparentes, pois utilizam um sistema de negociação completamente transparente. Para aqueles indivíduos e empresas que desejam evitar a transparência – como, por exemplo, a não declaração de impostos, a transparência do bitcoin os impede.

No entanto, o blockchain não apenas atua como um Livro Contábil público para todas as transações financeiras na rede bitcoin, como também pode ser adaptado para atender a outras necessidades, como armazenamento de arquivos, propriedade, negociação de ativos, etc. Interessante, não é?

Agora vamos compreender detalhadamente como funcionam as criptomoedas.

Como funcionam as criptomoedas?

A cotação, a compra e a venda acontecem de forma "anônima" pela rede mundial de internet, e tudo é administrado por você mesmo de sua carteira em seu celular ou em um computador.

Vamos pensar juntos: Quando você abre uma conta bancária em um banco tradicional, este banco irá registrar seus dados, correto? Como, por exemplo: nome, endereço, quantidade de patrimônio declarado, etc.

No caso das criptomoedas, essas informações que chamamos de KYC não são solicitadas para que haja uma negociação. Por isso, é dito que as transações de criptomoedas são anônimas.

Por essa razão, um dos maiores mitos no início da primeira criptomoeda (Bitcoin) era que esse anonimato abria precedentes para que as criptomoedas se tornassem o método preferido de lavagem de dinheiro para criminosos, e até políticos, afinal, estamos no Brasil... Porém, não é bem assim!

A verdade é que as transações são sim anônimas, porém, podem ser rastreáveis, caso seja necessário. A inovação tecnológica por trás desse sistema de anonimato é chamada de BlockChain, como já foi explicitado anteriormente.

As criptomoedas já são uma realidade de investimento de grandes nomes como Ellon Musk, e grandes empresas como a Microsoft e IBM. Além de já ser adotada como moeda oficial em países como El Salvador, por exemplo. Ou seja, não há dúvidas de que elas vão se consolidar cada vez mais e se expandir.

Dizem que pode ser uma onda passageira, mas há dados claros que as criptomoedas só estão começando e tendem a crescer cada vez mais nos próximos anos.

Entretanto, se até o presente momento você estava completamente fora do mundo da Criptomoeda, não ache que você já perdeu a chance por não ter comprado o Bitcoin no começo, pois esse mundo é muito novo e vem evoluindo mais e mais nos últimos anos.

Para que serve uma Criptomoeda?

Além de ser uma forma de investimento, pode-se utilizar uma criptomoeda da mesma forma que o dinheiro real, comprando ou vendendo bens, produtos e serviços.

Algumas grandes empresas como a Tesla, Dell e WordPress já aceitam criptomoedas como forma de pagamento, e em muitas vezes com vantagens para que possam utilizá-las.

Este movimento tende a crescer, conseguimos citar grandes marcas do mundo que já aceitam compras em criptomoedas, a saber: Microsoft, AT&T, Starbucks, PayPal, Newegg, e muitas outras, até mesmo a Gucci. E cada vez mais vemos grandes empresas, e até lanchonetes ao redor do mundo, aceitarem criptomoedas como forma de pagamento.

E por quais motivos essas marcas estão adotando compras em criptomoedas? Simples, as transações em criptomoedas são uma transferência de valores sem cobrança de taxas bancárias. Isso é, além de confortável, muito atrativo. Afinal, já conhecemos o quanto são "salgadas" as taxas de transações dos bancos tradicionais.

Como comprar e vender suas criptomoedas?

Quando se trata de comprar criptomoeda, primeiro você precisa decidir que tipo de plataforma ou serviço deseja usar para comprar criptomoeda. Essa plataforma ou serviço são as "corretoras". Mais à frente você terá um módulo explicando melhor sobre como utilizar essas corretoras e quais são os tipos de corretoras.

Agora, basicamente o que você precisa entender é que uma corretora de criptomoedas atua como intermediária entre um usuário e o mercado de criptomoedas, tão semelhante às corretoras do mercado financeiro tradicional.

Como nas corretoras do mercado financeiro tradicional, quem dita o valor de compra é o corretor, os usuários não negociam a seu bel-prazer.

A compra e venda é bem simples, pela internet. Através de corretoras como a Binance, Coinbaise, NovaDAX e muitas outras. Claro, a criptografia da transação não é gratuita. Você precisará gastar dinheiro tradicional para comprar criptomoedas. Comumente, usuários associam a conta bancária tradicional à corretora de criptomoedas, por onde compram a criptomoeda com a moeda tradicional.

Resumindo, basta criar uma conta gratuitamente na sua corretora de preferência, informar o valor que quer comprar, vender ou transferir e efetuar a transação.

Criptomoedas mais conhecidas

Bitcoin – Considerada a primeira moeda digital descentralizada do mundo, e de fato a mais conhecida, foi criada pelo pseudônimo Satoshi Nakamoto em 2008.

Litecoin – Conhecido como irmão mais novo do Bitcoin, por ter as mesmas características, porém com menor tempo de transação, por uma taxa menor de bloqueio e mais acessibilidade.

Ethereum – Hoje a segunda maior criptomoeda, nasceu em 2014 da criação de Vitalik Buterin.

Ripple ou XRP – É um pouco diferente das outras criptomoedas, pois é tanto uma moeda digital como uma rede de pagamento aberta, com menores taxas e atrasos de processamento.

Quais as vantagens e desvantagens de investir em criptomoedas?

A principal vantagem de se investir em criptomoedas é a possibilidade de lucros muito altos. Podendo em alguns casos deixar pessoas milionárias com pouco investimento. Podemos usar o Bitcoin como exemplo, que no começo valia menos de 1 dólar, e já alcançou o valor de mais de 70 mil dólares.

No entanto, a possibilidade de lucrar não é a única vantagem da criptomoeda. As transações de criptomoedas podem ser feitas facilmente, a baixo custo e de maneira mais privada do que a maioria das outras transações, por tal motivo, muitas empresas têm investido em criptomoedas.

Outra grande vantagem é a diversificação de carteira: as criptomoedas ficaram famosas por serem uma classe de ativos não correlacionados, ou seja, o mercado de criptomoedas funciona, na maioria das vezes, independentemente de outros mercados.

Veja que as ações do mercado financeiro tradicional são impactadas por diversos fatores, como questões políticas e sociais. Por isso, no mercado tradicional os ativos são correlacionados. E isso diminui a chance de uma verdadeira diversificação de carteira, pois, em sua maioria, uma ação está atrelada a outra.Em contrapartida, as criptomoedas permitem que o investidor diversifique sua carteira, com inúmeras moedas, da forma que preferir, pois essas moedas não estão correlacionadas entre si. Concluindo: há uma verdadeira diversificação de moedas.

Outro ponto interessante é que as criptomoedas não são controladas por nenhum banco, governo ou empresa, sendo reguladas e cotadas apenas baseando-se na oferta e demanda. No mercado financeiro tradicional, nossos investimentos sofrem muito com a inflação, não é mesmo? A inflação monetária pode ocorrer quando os bancos centrais e os governos imprimem mais dinheiro. Com a lei da oferta e procura, já sabemos o que ocorre na prática: aumenta a oferta da moeda, diminui seu valor.

No entanto, não se iluda: a criptomoeda não é a moeda perfeita. Ela possui desvantagens e você precisa conhecê-las para investir de forma racional e pragmática. Só assim seus lucros serão de fato significativos! .

E a principal desvantagem da criptomoeda é a alta volatilidade, o que pode te trazer ganhos imensos, mas também perda de todo o seu capital. Ou seja, investir em cripto precisa ser algo feito de forma consciente. Afinal, em economia sabemos que correr riscos é natural e necessário, porém, é preciso, ao assumir um risco, saber se ele é calculável ou não. Riscos precisam ser estudados e calculados. Qualquer investimento fora dessa perspectiva é mais uma aposta que um investimento. Portanto, saiba jogar o jogo!

Além de que, se você fizer uma transação para uma carteira errada, ou for hackeado e perder suas criptomoedas, não há para quem reclamar e pedir reembolso. A responsabilidade é totalmente sua.

Por isso a importância de entender o mercado e saber como se proteger para investir de forma correta e se blindar dos riscos. E é por isso que nós estamos aqui neste e-book: para trazer conhecimento a fim de que você saiba correr os riscos necessários em criptomoedas daqui pra frente.

Mitos Sobre Criptomoedas.

Quando o Bitcoin começou a se popularizar, ele se tornou assunto nas rodinhas de conversa dos investidores. Muitos mitos surgiram, pois, tudo que é novo traz medo e curiosidade.

Aqui queremos desmistificar algumas dessas "fofocas" sobre criptomoedas. Veja:

1 – Bitcoin ilegal no Brasil?

No Brasil a validade das criptomoedas já é reconhecida, tanto que é necessário declarar os lucros obtidos acima de R$35.000 mensais na sua declaração de imposto de Renda no final do ano. Ou seja, é perfeitamente legal fazer transações em criptomoedas no mercado brasileiro.

2 – Criptomoedas não são seguras.

Muito pelo contrário, são sim bastante seguras e essa é uma das vantagens, como citamos anteriormente. O fato de as transações serem criptografadas traz uma enorme segurança para as criptomoedas, que, propositalmente, começam com o prefixo "cripto". A tendência é que cada vez mais o mercado das criptomoedas se torne mais seguro, há enormes esforços tecnológicos atualmente em prol dessa segurança.

3 – Não é possível efetuar compras com criptomoedas.

Mais um que já desmistificamos anteriormente, grandes e pequenas empresas vêm adotando cada vez mais essa forma de pagamento. Sendo possível até comprar casas utilizando as suas criptomoedas.

4 – São 100% Anônimas.

Como também já tratamos aqui, não são totalmente anônimas, existem formas de rastrear as transações, pois todas são salvas na blockchain, porém, é muito mais difícil do que uma transação bancária, por exemplo. No entanto, em caso de alguma investigação criminal, de uma hipotética lavagem de dinheiro em criptomoeda, há formas de se chegar à quem fez a transação, apesar de ser mais difícil que em uma transação tradicional.

Termos e siglas utilizados no mundo cripto.

Addy – Endereço de uma carteira de criptomoeda.

Altcoin – Moedas alternativas ao Bitcoin, como Litecoin, Helium, Dogecoin.

AML – Sigla Anti-Money Loundering, em português Anti-Lavagem de dinheiro. São técnicas utilizadas para tentar barrar a lavagem de dinheiro com criptomoedas.

ATH – O preço máximo que uma moeda já atingiu, ou o topo histórico mais alto no gráfico.

Baleia – Detentor de grande parte de uma determinada moeda.

BearMarket – Mercado com alta expectativa de queda.

BullMarket - Mercado com alta expectativa de alta.

Day Trader – Investidor que faz movimentações diárias, comprando e vendendo.

Dump – Quando o preço de uma moeda cai inesperadamente.

Faucet – Sites que oferecem recompensas em criptomoedas a partir de cliques em propagandas ou algumas tarefas.

Fee – Taxas que podem ser cobradas nas transações.

FOMO – Fear of missing out, ou medo de ficar de fora. É o medo de perder uma oportunidade de lucro.

Gas – Mecanismo que calcula as taxas de cada transação.

HOLDL – É uma meme, o correto seria Hold, de "segurar" em inglês, que é quando você compra e mantém seus ativos para longo prazo independente da oscilação do preço.

Hot Wallet – Carteira de criptomoeda que está online e conectada a internet.

Hype – Palavra usada sempre que há uma nova onda popular.

KYC – São formas de validação de identidade.

Market Cap – Capitalização de mercado. É a quantidade de criptomoeda circulante x preço da moeda.

Liquidez: Quantidade Real de dinheiro investido em uma criptomoeda.

P2P - Peer to peer, ou ponto a ponto, significa que uma transação vai de ponto A ao ponto B sem necessidade de validações, como nos bancos, por exemplo.

Phishing – Acontece quando um usuário clica ou baixa um arquivo falso que rouba algum tipo de informação.

Profit – Lucros Obtidos

Pump – Quando o preço de uma moeda sobe inesperadamente.

ROI – Retorno que se tem baseado no quanto investiu.

Scam – Golpes Financeiros

ShitCoin – Moedas scams ou com baixa reputação.

Smart Contract – Contrato inteligente, é o código de uma criptomoeda ou blockchain

Trade – Operação de compra e venda.

Wallet – Carteira onde se guarda criptomoedas.

Basicamente, neste capítulo apresentamos a você o básico do conhecimento em criptomoedas, mas há um conteúdo rico e denso para você saborear nas próximas páginas. Além disso, vamos dar Dicas de Diversificação, alertar sobre os Golpes mais comuns no mercado das Criptomoedas, e até mesmo dissertar sobre as corretoras mais usadas no mercado. Fique por aqui e aprenda muito mais!

Cap II. Como identificar qual seu perfil de investidor para identificar quais projetos procurar?

E aí você está, basicamente, falando sobre economia e gestão financeira pessoal e se depara com a seguinte informação: é preciso autoconhecimento para saber investir bem! A princípio pode não fazer o MENOR sentido esta frase para você. No entanto, a partir de agora você vai compreender que antes de investir você precisa entender bem quem é você, quais são suas motivações e para qual lugar você quer ir com o seu investimento.

Sem isso, você está fadado a copiar pessoas de sucesso no mercado financeiro. Mas, saiba: isso não é o suficiente, pois pessoas diferentes geram resultados diferentes. Se hoje você se dispor a imitar o Ellon Musk categoricamente, daqui há 5 anos você não terá o mesmo resultado que ele teve em 5 anos. Vidas diferentes, resultados diferentes.

É sabendo disso que nós trouxemos, antes mesmo de te ensinar detalhadamente sobre investir em criptomoedas, um capítulo só sobre PERFIL DE INVESTIDOR. Para que você possa identificar o seu e, a partir dele, começar a investir.

Em qualquer site de gestão financeira ou de mercado financeiro você vai encontrar um testezinho pra descobrir se você é um investidor: conservador, arrojado ou moderado. E sim, entender qual o nível de risco você quer atingir é muito importante, mas, sobretudo, você precisa entender também qual é o seu OBJETIVO final com o seu investimento. É isso que vai ditar se você quer assumir um perfil mais moderado ou arrojado na hora de investir.

Como já sabemos, o investidor arrojado é, geralmente, aquele mais experiente, que já possui um capital consolidado – pois para investir de forma mais ousada, seja em cripto ou em moeda tradicional, é preciso estar seguro para não sofrer tanto com os eventuais prejuízos que um risco calculado pode trazer.

A mentalidade do investidor arrojado é que para ganhar mais é preciso arriscar mais, e que perdas no presente podem significar ganhos no futuro. O arrojado se arrisca mais porque sabe que vivemos em um mundo volátil. No entanto, ao investir uma pequena parte do seu capital em um investimento de alto risco, ele está ciente de que se "der ruim", o seu patrimônio é o suficiente para que ele e sua família fiquem supridos e não venham a falir.

Basicamente, um dos principais requisitos para ser um investidor arrojado é já ter conquistado uma certa segurança financeira.

E aqui vai um grande questionamento para você:

- Qual o seu estágio atual de vida?
- Para você e para a sua família, já existe uma certa segurança para começar a correr riscos calculados?

- Onde está a sua segurança?
- Em qual área da sua vida você já pode correr riscos?
- Você compreende que riscos são de fato necessários?
- A sua mentalidade psíquica é capaz de compreender que para ganhar mais é preciso perder um pouco? Ou isso te assusta?
- Caso um investimento seu venha a, temporariamente, cair drasticamente, você consegue lidar com essa "insegurança" temporária?

Perguntas como essas são muito necessárias para incomodar você a reconhecer se está preparado ou não para assumir um perfil mais arrojado de investidor.

Também é importante lembrar que você não está sozinho na sua vida financeira, afinal, os sonhos, projetos e necessidades básicas da sua família também precisam ser levados em conta na hora de investir.

O importante é compreender que, assim como tudo na vida, aprender a investir é um treinamento diário, não só de conhecimento técnico, mas também de posicionamento emocional.

Se você não se enquadra no perfil arrojado, pode estar em transição entre o "conservador" e o "arrojado": você, basicamente, pode estar no perfil "moderado".

O investidor moderado é, como o próprio nome indica, o meio termo, o equilíbrio entre os dois perfis (conservador e arrojado), incorporando características de ambos. Embora preze pela segurança, o investidor moderado está aberto a aventuras mais arriscadas e sabe que, às vezes, para lucrar mais, é preciso sonhar um pouco mais alto.

Assim, haverá situações em que esse perfil moderado correrá mais riscos e outras em que ele agirá como um típico conservador. É um perfil que tenta conciliar posições opostas: por um lado, quer fazer crescer o patrimônio e, por outro, não está aberto a tanto arriscar, pois, em parte enxerga algumas fragilidades de segurança financeira em sua vida pessoal, profissional e até mesmo familiar.

Por exemplo, pessoas de perfil moderado geralmente já estão investindo há algum tempo e têm conhecimento técnico necessário, porém, enxergam algumas fragilidades de segurança, e muitas das vezes nem são propriamente financeiras. Como exemplo, um pai de família que quer investir de forma mais arrojada, no entanto, nesse exato momento precisa de uma reserva financeira mais densa para custear possíveis imprevistos de saúde de um filho pequeno que possui algumas comorbidades de saúde.

Veja que, temporariamente, este investidor adotará uma postura mais conservadora, no entanto, quando ver que é possível, ele vai fazer jogadas mais arriscadas.

Se você se identifica com essa postura, está tudo bem! Não é preciso ter um perfil arrojado para investir em criptomoedas!

Por fim, o perfil conservador está sempre atento a uma regra da economia: "quanto maior o risco, maior o ganho, mas também maior a perda". O conservador vai buscar realizar transações com baixo risco, que podem até ter menor potencial de retorno financeiro, mas que no fundo garantam a preservação do patrimônio. Sendo assim, quando analisamos a vida do investidor conservador, possivelmente ele está em uma fase em que é necessário adotar uma postura mais conservadora, a fim de, a longo prazo, conquistar uma segurança financeira que ainda não é possível a ele no momento.

Perceba que quaisquer um dos três perfis precisa ser analisado sobre a perspectiva de:

Personalidade do investidor

Situação atual de vida

Contexto social e familiar

Objetivos pessoais

Analise friamente estes quatro itens em sua vida pessoal e vai ter a resposta de qual tipo de investidor você é.

Cap. III : Quanto da minha renda devo investir em Criptomoedas? Dicas de Diversificação

Uma vez identificado o seu perfil de investidor, é preciso aprender a máxima: nunca colocar todos os ovos em uma mesma cesta! Você pode estar se perguntando: quanto investir em criptomoedas?

Para começo de conversa, não há uma resposta pronta. Você precisa analisar todo o seu contexto pessoal e financeiro para conseguir essa resposta. Mas, há algumas sugestões que são universais e cabem na vida de qualquer investidor e é sobre elas que vamos falar neste capítulo.

A primeira delas é, se você segue a regra básica de todos os meses investir 10% da sua renda em ativos, a criptomoeda precisa ser UMA entre as suas várias opções de ativos, e não a única.

- O primeiro passo é: identificar qual o seu valor de investimento mensal.

- O segundo passo é: dentro deste valor de investimento mensal recomendamos reservar 10% dele para investir em criptomoedas, no entanto, em não apenas uma criptomoeda, mas diversificar as suas opções de cripto.

- Vamos a um exemplo:

Clara é funcionária pública e possui um salário de R$4.100,00. Deste valor, ela investe mensalmente 10%, ou seja, está disponível para investir todos os meses o valor de R$410,00. Sendo assim, Clara reserva todos os meses o valor de R$41,00 para investir em criptomoedas. O recomendado para Clara é diversificar esse valor entre alguns tipos de cripto, e não apenas investir em uma só moeda.

A segunda delas é: selecionar projetos para investir que tenham fundamentos e base estáveis na hora de investir em criptomoedas. Ou seja, investir nas principais criptomoedas do mercado. Elas são mais confiáveis que as outras devido a seu tempo de consolidação no mercado, por isso, investir nelas é mais seguro que investir em uma cripto que surgiu há dois meses, por exemplo.

A terceira sugestão é investir em ativos que sejam de segmentos diferentes. Mais a frente falaremos mais detalhadamente dos segmentos das criptomoedas, e você vai compreender melhor. Para agora, guarde essa informação de que existem muitos segmentos de cripto e você precisa selecionar criptos que sejam diversificadas de acordo com o segmento.

Por fim, a última sugestão é para pessoas que tenham perfil arrojado ou moderado, ou seja estão um pouco mais dispostas a correr riscos: no mundo das criptomoedas muitos projetos novos surgem a todo momento, e vários deles podem ter potencial promissor, por isso, deixe reservado no seu valor a ser investido um "espacinho" para esses projetos, assim, você vai garantir que se vier uma boa onda, você estará surfando nela!

Todos os dias são criados na BlockChain projetos de muito potencial. Surfar na onda desses projetos é uma enorme vantagem para você que já assumiu perfil arrojado ou moderado. Portanto, não fique com medo, assuma pequenos riscos calculados, eles podem trazer uma enorme vantagem para você e sua carteira e potencializar os seus lucros.

É claro que, a maior parte dos seus investimentos em criptomoedas será feito em ativos mais seguros e mais consolidados no mercado, no entanto, nunca se esqueça de deixar aquele pequeno espaço para investimentos mais arriscados, ou seja, para as "novas criptomoedas".

Isso tudo, é claro, precisa ser feito com critério e com estudo. Nem todo novo projeto é um bom projeto. E como você vai discernir isto? Estudando o mercado, analisando as variáveis e, sobretudo, seguindo a máxima usada no mercado tradicional: nunca compre um produto se você não sabe a procedência dele; Traduzindo:

Quem criou essa cripto?
Qual o objetivo dela?
Quais os segmentos dessa cripto?
Quais vantagens ela possui?
Quais desvantagens ela possui?

Neste capítulo, você aprendeu dicas práticas e pessoais para sublocar sua renda em criptomoedas. No próximo passo você vai entender como lidar com a principal carteira da Binance. Você precisa começar a atuar, não é mesmo?

Cap. IV: Passo a passo de como criar carteira na Trust Wallet e principais configurações

Trust Wallet é a carteira cripto oficial da Binance. É uma carteira descentralizada (você vai entender mais à frente detalhadamente o que é uma carteira descentralizada) e nela conseguimos comprar ativos através de corretoras descentralizadas, que você já conheceu também. Essa carteira é, talvez, a mais popular delas.

Neste capítulo vamos te mostrar na prática como utilizá-la. Sabemos que ser uma carteira da Binance traz a esta carteira um nível de confiabilidade e segurança enorme, além de ser prática.

Além disso, é através deste tipo de carteira que é possível se conectar em plataformas Play to Earn (jogar para Ganhar) por exemplo.

Ela está disponível para Android e IOS.

- Instalação no seu smartphone
- Criar conta
- Frase de recuperação (ênfase na segurança).
- Configuração de Redes
- Operacional (Adicionar tokens, transações,
- conectar e desconectar em sites (Pancake
- Swap).

Fácil e simples assim! Faça essa etapa para começar a ter contato com o mundo da cripto. Antes mesmo de te explicar detalhadamente o que é uma carteira descentralizada queremos que você saiba na prática como funciona o aplicativo da carteira.

Sobretudo, queremos guiar você a aprender mais e melhor sobre o mundo da cripto, por isso a necessidade de ter esse primeiro contato na prática com a carteira.

Cap. V - Comportamento dos investidores perante à especulações, notícias e movimentação do bitcoin

O mercado financeiro é previsível. Criptomoedas não é um jogo de azar, portanto, é previsível. Isso significa que há um conjunto de regras que guiam o mercado financeiro e que você precisa conhecer para poder entender como é o comportamento do mercado.

No mercado de criptomoedas, altas e quedas geralmente acompanham o comportamento do Bitcoin. Isso significa que, salvo raras exceções de projetos novos e raros, a maioria das criptomoedas vão se valorizar quando o Bitcoin estiver em alta, e se desvalorizar quando o Bitcoin sofrer alguma queda.

O ponto central que você precisa racionalizar daqui para frente para operar bem no mercado de criptomoedas é: o mercado não é um jogo de azar, por isso, exige que você conheça e saiba usar as REGRAS do jogo. Muitas atividades acontecem no mercado de criptomoedas e você precisa de um conjunto de regras que irão guiá-lo.

Essas regras precisam ser de duas naturezas: as regras do jogo (regras do mercado) e as regras do SEU jogo (as regras pessoais que você precisa se colocar). Nas regras pessoais você pode incluir o máximo de vitórias ou derrotas que você consegue tolerar em um dia, semana ou mês. Além disso, você deve ter um stop loss razoável e obter lucro, uma relação risco-benefício que seja adequada para você. Quando você atingir qualquer um dos seus limites, você precisa parar de negociar, não importa o que o mercado apresente. Regras pessoais vão te ajudar a não se comportar de forma irracional ou por impulso.

No entanto, além disso, você precisa conhecer as regras do mercado. E é sobre elas que este capítulo trata. Essas regras vão te ajudar a fugir dos golpes mais comuns no mercado de Criptomoedas, dos quais falaremos no próximo capítulo.

Primeira regra para quem opera com criptomoeda e principalmente para quem opera em gráfico: no mercado, gráficos são orgânicos, logo, se pessoas estão comprando cripto, o gráfico vai subir. E diante desse cenário previsível você vai operar, sempre observando o movimento do gráfico. Os gráficos sinalizam o movimento das pessoas, se estão comprando ou vendendo.

Segunda regra: nunca compre criptomoeda em momentos de alta volatilidade, espere sempre uma certa estabilização sinalizada pelo gráfico.

Terceira regra: cuidado com o medo de perder oportunidades, no mercado não há alta infinita, mas também não há queda infinita. Ou seja, quando há sinalização no gráfico de alta, não necessariamente haverá uma estabilização dessa alta. É preciso saber a hora certa de entrar e sair de um projeto. Portanto, não tenha medo de perder algumas altas absurdas, nem sempre elas vão se consolidar.

Cap VI - Golpes mais comuns no mercado das Criptomoedas.

O QUE SÃO SCAMS E GOLPES

Scams, ou golpes em português, são, infelizmente, frequentes no mundo digital, e quando falamos de criptomoeda existe um incentivo financeiro muito claro para os golpistas agirem para conseguir o seu dinheiro. Por isso, neste capítulo vamos te alertar sobre os principais golpes existentes no mercado de criptomoedas.

Para começar quero te mostrar alguns conceitos que vão te ajudar a identificar um golpe.

COMO IDENTIFICAR UM GOLPE

Spoofing: quando alguém se passa por outra pessoa ou empresa, geralmente prometendo algum benefício, lucro ou mesmo ajuda com alguma situação.

Normalmente eles agem via redes sociais, quando você interage com algum grupo ou comunidade dedicada a investimentos cripto.

Eles se aproximam, prometem resolver seu problema ou mesmo te ajudar a investir. As promessas são variadas, mas na maioria das vezes são "boas demais para ser verdade". Por isso, fique atento(a) a quaisquer promessas fora da realidade.

Phishing: Esse golpe busca conseguir seus dados pessoais (do inglês "fishing", pescar), normalmente por meio de algum site fake, e-mail marketing clone ou qualquer outro link. Ao interagir você vai dar acesso a alguma informação vital para os golpistas.

Honeypot: (tradução é pote de mel) acontece quando um token é programado para que você apenas consiga comprá-lo e não consiga vender, ou para conseguir vender precisaria pagar uma taxa absurda de 99% por exemplo. É necessária muita cautela, pois um token que hoje não tem problemas, pode se tornar um honeypot no futuro se houver esta abertura no contrato inteligente do token.

RugPull ou puxão de tapete: é outro golpe muito comum, em que a liquidez de um token é retirada por seu dono, levando todo o dinheiro que as pessoas usaram para comprar os tokens. Frequentemente, o golpe Honeypot é seguido de um RugPull.

Rebase: este é um golpe de rebalanceamento de supply, em que o contrato inteligente é programado para rebalancear o supply do token, fazendo o preço dele aumentar ao diminuir a quantidade de tokens existentes. Isso serve para chamar a atenção das pessoas desatentas que só olham para o gráfico para efetuar as compras. Elas imaginam que o token continuará subindo de preço, compram 100 dólares, por exemplo, e após várias rebalanceadas, ainda que o preço do token tenha subido, agora possuem menor quantidade de moedas, ou seja, um prejuízo.

Frequentemente vemos o Contrato Rebase chamando atenção, depois que a pessoa entra, percebe que é um honeypot e, por fim, os golpistas aplicam o rugpull.

Carteiras falsas: App que finge ser uma carteira de criptomoedas, sempre confirme a veracidade do aplicativo antes de usar, principalmente no Android que possui menor segurança neste quesito quando comparado a iOS.

Exchange falsas -- as corretoras falsas -- normalmente estão espalhadas por aí e cheias de promessas e com ótimos retornos rápidos. Desconfie sempre de qualquer coisa que prometa retorno fácil e rápido.

Mineração em nuvem: é um típico golpe. Apesar de existir maneiras certas de fazer mineração online, 99% dos sites são golpes! Por isso, nunca coloque seu dinheiro neste tipo de operação! Frequentemente este golpe está associado ao golpe de Spoofing. As abordagens costumam ocorrer via Telegram e WhatsApp.

Clube de investimento: assim como no exemplo acima, os golpistas usam o Spoofing para se fingir de empresas sérias e de outras pessoas, para convidar para clubes de investimento com ótimos retornos em rápido prazo.

ICOs falsas: Oferta Inicial de Moeda, seria como a abertura de capital de uma empresa no mundo cripto. Frequentemente, vemos grupos de Telegram, WhatsApp e outras redes sociais oferecendo a chance de comprar um token antes do lançamento. Faça muita pesquisa antes e desconfie 100% caso a compra tenha que ser feita fora de uma plataforma válida de lançamento de projetos.

Pirâmides: como o nome já diz, se trata de um projeto ou plataforma que se apoia em pagar seus participantes com a renda adquirida de outros participantes, sem gerar nenhum serviço ou produto. Este é sem dúvida o mais comum e por diversas vezes ele é associado a outros golpes, como clube de investimento, mineração e etc. Jogos NFT e alguns outros projetos que prometem rentabilidade fora do normal também podem entrar na lista de pirâmides.

MELHORES PRÁTICAS

Ciente da lista de golpes existentes por aí, agora vamos falar sobre as melhores práticas para que você não caia nesses golpes.

Os golpes podem ir mudando ao longo do tempo, no entanto, eles vão manter algumas características em comum que, ao percebermos, podemos evitar nos frustrar, além de evitar prejuízo financeiro.

Muitos golpes só funcionam porque os golpistas prometem mundos e fundos e exigem que você tome uma decisão rapidamente, pois eles sabem que se você parar para analisar, vai perceber que é um golpe. Há coisas que são boas demais para ser verdade.

Se você perceber algum dos seguintes itens abaixo, não siga com o investimento.

1. ALTA RENTABILIDADE (ACIMA DA MÉDIA DE MERCADO)

2. RETORNO EM PRAZOS SURREAIS

3. PARECE SER O MELHOR NEGÓCIO DO MUNDO, MAS NÃO TEM NEM 1 SITE, NINGUÉM NUNCA OUVIU FALAR E SÓ EXISTE 1 CONTATO PARA VOCÊ CONVERSAR.

4. NÚMEROS DE TELEFONE ESTRANGEIROS, CONVERSAS COM PORTUGUÊS TRADUZIDO NA WEB E RESPOSTAS ROBÓTICAS

5. PERFIS COM FOTOS CLARAMENTE FAKES

6. NENHUMA MENÇÃO DA EMPRESA NAS MÍDIAS TRADICIONAIS

7. GRUPOS FAKES COM PESSOAS MOSTRANDO O QUANTO GANHARAM

Se você avaliar qualquer projeto com os filtros acima e tiver alguma luz amarela na sua cabeça é melhor você não seguir com o investimento, pois, as chances de você ser enganado(a) são muito grandes:

1. Evite perguntar ou tentar tirar alguma dúvida nas redes sociais, pois quase sempre um golpista vai se oferecer para "ajudar" e, com essa brecha, tentar te ludibriar.

2. Evite grupos de Telegram que não são conhecidos. Tenha critério para buscar suas referências no Telegram, esse aplicativo é uma ótima ferramenta, mas como permite um nível de privacidade maior, fica exposto a golpistas. Eles, então, usam a rede para convidar pessoas

para os grupos de investimentos, e lá começam o trabalho de engenharia social que termina em um golpe.

3. Ao analisar um projeto use os sites indicados neste treinamento para verificar a qualidade do contrato, quantidade de liquidez e sua trava, estado atual da distribuição de tokens e outros detalhes que passamos na aula de análise de projetos e sites importantes para você.

4. Sempre confirme o endereço do site que está interagindo para evitar entrar em sites fakes. E o principal: caso o site peça uma informação incomum, por exemplo as suas 12 palavras passe, saia imediatamente, pois é um golpe.

5. Às vezes não é tão fácil perceber um esquema de pirâmide. Muitos projetos chegam a valer bilhões de dólares e ainda assim se baseiam num esquema ponzi. Não se deixe iludir pela "oportunidade". Sempre avalie qual a procedência do dinheiro que promete te pagar a rentabilidade. A citar, por exemplo, alguns casos de DEFI e Jogos NFT, em que o dinheiro que paga a sua

rentabilidade procede de outro usuário que depositou após você. Obviamente, uma hora a entrada de usuários novos não será suficiente para bancar a rentabilidade dos atuais usuários e o esquema começa apresentar problemas.

Por fim, faça sua análise com muito critério, usando as dicas que já te passamos e as regras do mercado que também já lhe foram apresentadas. É melhor você deixar de entrar em algo duvidoso, do que agir somente com emoção e acabar perdendo dinheiro.

Lembre-se sempre da 1ª regra de investimento de um dos homens mais ricos do mundo> Warren Buffet:

1ª regra > não perca dinheiro.

Curiosidades: O QUE É NFT ?

NFT *significa token não fungível. Para explicar o que isso significa, primeiro vou te explicar o que é token fungível: por exemplo, o bitcoin, conforme seu código existem 21 milhões de unidade do token BTC. Sendo que cada 1 destas 21 milhões de unidade é exatamente igual. Não existe 1 bitcoin mais raro, ou 1 bitcoin diferente. Todos são iguais, isso é a fungibilidade, a possibilidade de você poder trocar 1 BTC por 1 BTC e não ter diferença nenhuma.*

Agora vai ficar bem fácil para você entender o que é token não fungível. Basicamente, cada token do contrato possui uma característica única que o diferencia dos demais.

A principal característica é o endereço na blockchain. Cada token seus meta dados e seu proprietário, as quais são facilmente verificável e bastante seguro se armazenado da forma correta.

Quando falamos de NFT aposto que você lembra do JPEG dos Macacos que o Neymar comprou. E Provavelmente você já escutou alguém dizendo que qualquer 1 pode copiar e colar a imagem e fazer o que quiser.

Sim, isso é verdade. Porém, a mesma coisa pode ser feita com o quadro da Monalisa, você pode entrar na internet, baixar a imagem, imprimir em alta resolução e colocar na parede da sua sala, mas nem por isso alguém vai pagar milhões de dólares por ela, justamente, pois, o que valoriza uma arte é a autenticidade.

E assim como outro token que você mantém na sua carteira, um NFT pode ser armazenado em carteiras quentes e carteira frias, pode ser transferido e pode ser vendido e claro, pode ser roubado caso você não tome as precauções.

Uma das primeiras coleções lançadas foi do CyberPunks

Foram disponibilizadas 10 mil imagens únicas e aleatórias de Punks no estilo pixelado, e o usuário poderia criar estes NFT de graça, pagando a taxa da rede ETH somente, que na época era de 11 centavos em média.

E poucos anos depois, um NFT desta coleção foi vendido por mais de 20 milhões de dólares.

Este é o poder da exclusividade de ter 1 item único num mundo de mais de 8 bilhões de pessoas.

A principal rede no mercado NFT hoje é o ETHEREUM, mas outras redes com taxas mais baratas já estão se posicionando para atender o mercado de NFT de Utilidade

E QUAL É O TAMANHO DO MERCADO NFT ?

Refletindo o crescente interesse dos investidores no espaço de tokens não fungíveis (NFT), uma nova pesquisa prevê que o mercado deve crescer dos R$ 15 bilhões que tem hoje para R$65 bilhões até o final de 2027.

Nos próximos cinco anos, os principais fatores ligados a expansão global do NFT devem continuar a promover o envolvimento de influenciadores, celebridades, comunidades de gamers e artistas digitais.

E O QUE PODE VIRAR UM NFT ?

Basicamente qualquer coisa que possua um código que a diferencia das demais coisas pode virar um NFT.

- *Música e direitos autorais, agora facilmente negociados e auditados.*
- *Itens de jogos (aquela espada que você comprou no jogo, se ela for um nft, você poderá vende-la)*
- *Cartões colecionáveis*
- *Grandes momentos: um vídeo curto de um gol importante, por exemplo.*
- *Memes*
- *nomes de domínios podem ser registrados como* NFT *na blockchain*
- *Certificados de cursos e faculdades, nunca mais perca seus diplomas, ao mesmo tempo dando certeza absoluta que são todos originais*
- *Documentos importantes, hoje temos redes como polygon e solana que são extremamente baratas, e você pode arquivar seus documentos importantes por frações de centavos, com a comodidade de ter eles na sua carteira digital de forma perpetuam.*
- *Ingressos, a exemplo aquele jogo da final da copa do mundo, ou o ingresso de um show raro poderá ser um* NFT, *impossibilitando a falsificação, facilitando a venda e transferência e o melhor, servirá de recordação para sempre.*

Cap. VII: Bitcoin e CRIPTOS ALTERNATIVAS

HISTÓRIA DO BTC

Neste capítulo vamos conhecer um pouco mais profundamente o Bitcoin. Como já foi dito anteriormente, essa moeda é muito importante para qualquer pessoa que invista em criptomoedas, pois, além de ser a primeira, ela modela muitos comportamentos no mercado de cripto. Por isso, conhecer tudo sobre cripto é fundamental para você.

Sabendo disso, juntamos neste capítulo um pouco sobre a história do BTC. Ela é repleta de mistérios. A primeira criptomoeda do mundo foi lançada há 13 anos, mas até hoje ninguém sabe a verdadeira identidade da pessoa – ou pessoas – por trás do projeto. Existem suspeitas, mas ninguém, ainda, foi capaz de desvendar o mistério.

O Bitcoin surgiu em 31 de outubro de 2008. Naquele dia, o criador (ou criadores) da criptomoeda, de pseudônimo "Satoshi Nakamoto", enviou um e-mail para uma lista de pessoas interessadas em criptografia.

No corpo da mensagem, ele escreveu que vinha trabalhando "em um novo sistema de dinheiro eletrônico totalmente peer-to-peer (p2p), sem terceiros confiáveis". Também inseriu um link com o white paper (manual) da criptomoeda, em inglês. No documento, com nove páginas, Nakamoto descreveu resumidamente os fundamentos do Bitcoin, baseados em quatro pontos principais:

1. É uma rede peer-to-peer para evitar o gasto duplo (possibilidade de enviar as mesmas moedas mais de uma vez);

2. sem intermediários, como bancos;

3. permite o anonimato dos participantes; e

4. usa Prova de Trabalho (um tipo de algoritmo) para gerar Bitcoin (processo que ganhou o nome de mineração) e prevenir o tal gasto duplo.

Ainda neste manual, Nakamoto estipulou que o BTC tem oferta finita. No total, apenas 21 milhões de unidades podem ser mineradas (criadas) até 2140, o que o torna escasso. Neste momento já foram emitidas 19 milhões de unidades, cerca de 91% de todos os BTC. E estima-se que, destes 19 milhões, apenas 17 milhões realmente estejam disponíveis. O restante está preso para sempre em carteira de pessoas que perderam a senha.

Inclusive, um milhão de tokens Bitcoin que estão em uma carteira. A esta carteira, analistas julgam pertencer ao seu criador Satoshi Nakamoto, que acumulou minerando BTC no início. Sendo que nunca foi movimentada, desde sua criação.

O Bitcoin possui 8 casas decimais, ou seja, depois da vírgula existem 8 números. A menor unidade de 1 Bitcoin é o Satoshi que representa 0,00000001 BTC e consequentemente 1 Bitcoin é a soma de 100 milhões de Satoshis.

Muitas pessoas dizem que o Bitcoin não pode ser escalado como um meio de pagamento global, porque ele possui apenas 21 milhões de moedas. Mas, graças às 8 casas decimais, o Bitcoin pode atingir até 2,100 Quatrilhões de unidades se calcularmos usando a menor unidade, o Satoshi.

Daria mais ou menos 262 mil satoshis para cada humano na terra hoje. Caso, no futuro, seja necessário dividir mais, basta adicionar mais casas decimais.

Vale saber que apesar de o Bitcoin ter sido lançado no final de 2008, o primeiro bloco (nome do arquivo com informações sobre transações) na blockchain da criptomoeda só foi minerado no dia 3 de janeiro de 2009. No bloco, chamado de Gênese, Nakamoto escreveu a mensagem criptografada "The Times 03/Jan/2009 Chancellor on brink of second bailout for banks". O texto, que em português significa "Chanceler à beira do segundo resgate aos bancos", é uma alusão à manchete do jornal britânico *The Times* daquele dia.

As palavras foram interpretadas como um indicativo das motivações que teriam levado Nakamoto a criar a criptomoeda. Esta mensagem foi direcionada à crise do sub-prime de 2008, onde milhares de famílias, literalmente, faliram e perderam todo o seu dinheiro e, pior ainda, perderam as suas casas.

Simultaneamente a isso, os banqueiros e amigos dos políticos foram salvos, eles e suas empresas, com o dinheiro público que o governo imprimiu.

E é este um dos maiores fundamentos do Bitcoin, um dinheiro programável e que não possui nenhuma autoridade que controle. Ele vai se comportar exatamente como o previsto pela eternidade enquanto funcionar, bem diferente dos governos, que eleição após eleição mudam as regras do jogo, e, como sabemos: infelizmente nem sempre para melhor.

Hoje há aproximadamente mais de 1,2 milhões de endereços BTC ativos, isso por que os BTC comprados e armazenados em corretoras, não entram na conta. Estudos de outros locais apontam de até 114 milhões no mundo possuem Bitcoin

Além disso, temos vários países que já aceitam o BTC como moeda, veja:

- Japão
- Estados Unidos
- Suíça
- Holanda
- Estônia

- Cingapura
- Alemanha

Altcoin

No entanto, como já sabemos Apesar do Bitcoin ter sido a primeira e mais conhecida criptomoeda, hoje está longe de ser a única, pois o mercado apresenta uma variedade significativa atualmente. E é importante você compreender um poucos sobre as criptomoedas alternativas. Afinal, se você seguir o nosso conselho e diversificar sua carteira irá precisar entender diversas criptos, não é mesmo?

Sendo assim, você precisa saber que Altcoin é um termo usado para definir qualquer criptomoeda que não seja o bitcoin. O "alt" no termo se refere à palavra "alternativa", indicando justamente as moedas que são alternativas ao Bitcoin no mercado cripto.

De acordo com o CoinMarketCap, o Bitcoin representa cerca de 40% do valor de mercado de todas as moedas.

Logo 60% do valor investido em cripto estão nas altcoins.

A citar algumas Altcoins: Ethereu, Cardano, Helium, Dogecoin, Shiba Inu e inúmeras outras. As duas últimas começaram como moedas Memes e alcançaram o patamar de altcoin.

Para quem está começando no universo cripto, é possível que tenham dúvida e até sinta insegurança em investir em criptos mais novas que BTC, no entanto, conheça os projetos e se aprofunde e a sua insegurança vai sumir. As altcoin trazem projetos inovadores, melhorando e evoluindo o que o Bitcoin iniciou. Além de possibilitar lucros exponencialmente maiores, pois têm mais margem de crescimento do que o Bitcoin, que hoje é a maior criptomoeda.

A nossa maior dica é : através das altcoin você pode ter a chance de alcançar um bom retorno com um investimento menor.

Abaixo especificamos duas Altcoins pra você começar a se familiarizar:

Ethereum	Ethereum é a base para muitos avanços tecnológicos atuais que estão em crescimento. Os proprietários de Ethereum usam carteiras para armazenar seu ether. Ele foi projetado para ser escalável, programável, seguro e descentralizado. É o blockchain escolhido por desenvolvedores e empresas que estão criando tecnologia baseada nele para mudar a maneira como muitos setores operam e como lidamos diariamente como investimentos. Bitcoin e Ethereum têm muitas semelhanças.

Helium	A Helium foi fundada em 2013, apenas alguns anos após o início do Bitcoin, a criptomoeda original. A Helium foi lançada sob a empresa Helium, Inc. para se tornar a primeira rede sem fio ponto a ponto global com capacidade de conectar diferentes dispositivos. Ele é apelidado de "The People's Network" e visa preparar uma IoT eficiente e funcional para o futuro. Atualmente existem 125.878.077 HNT em circulação de um total de 223.000.000 HNT HNT. O hélio tem um suprimento máximo limitado

Por fim, você precisa entender que dentro das Altcoins existem outros subtipos de criptomoedas, como por exemplo, os memecoins.

Memecoins

Memecoin um tipo de criptomoeda que se originou inspirados nos nosso famosos memes, que como sabemos são virais. Elas funcionem de maneira semelhante a outras criptomoedas, no entanto, tendem a ser mais voláteis (como o memes que são temporários e voláteis). O sucesso de um memecoin é dependente exatamente da viralidade.

Os memecoins são oportunidades de investimento, elas são uma maneira de diversificar seu portfólio ou obter retornos acima da média, especialmente se você entrar no início do lançamento de uma determinada memecoin. Como qualquer outra criptomoeda, você pode adicionar memecoin ao seu portfólio através da troca de criptomoedas.

Devido a volatividade, nossa dica é: antes de adicionar moedas de meme ao seu portfólio, pesquise a moeda em que você planeja investir e aloque apenas uma pequena parte do seu portfólio para esses investimentos.

Para te familiarizar com algumas memecoins, vou citar aqui alguns exemplos:

| Doge | A Dogecoin é considerada a primeira memecoin, foi visto como um "memecoin" divertido e amado por toda comunidade de criptomoedas – mas com pouco valor. Isso mudou em 2021: a partir de abril, Dogecoin se tornou uma das dez maiores criptomoedas por valor de mercado – com um valor total que superou US$ 50 bilhões, mesmo que cada moeda individual valha centavos Ao contrário do Bitcoin, que foi projetado para ser escasso, |

	o Dogecoin é intencionalmente abundante – com 10.000 novas moedas extraídas a cada minuto e sem oferta máxima.
Baby Doge	Baby Doge é uma criptomoeda meme, semelhante a Dogecoin. Os fundadores do Baby Doge sugerem comprar a moeda usando as trocas PancakeSwap ou Uniswap, embora você possa encontrá-la disponível através de trocas adicionais nativa da Binance Smart Chain e disponível na blockchain Ethereum. Você precisa de uma carteira compatível existente para comprar o Baby Doge. O que você precisa saber é que Baby Doge é um investimento altamente especulativo.
Shiba Inu	Shiba Inu é amplamente considerado uma alternativa ao Dogecoin ; de fato, os defensores do Shiba Inu o consideram "o substituto de Dogecoin". O preço do

	Shiba Inu atingiu o pico mais de dez vezes em 29 de outubro de 2021, dando-lhe uma capitalização de mercado de US$ 41 bilhões. Mesmo com uma queda acentuada no valor de mercado para os US$ 6 bilhões em maio de 2022, Shiba Inu ainda está entre as dez principais criptomoedas de memes
Floki Inu	Floki Inu está crescendo como um investimento popular e lucrativo. Está seguindo os passos do Shiba Inu. A equipe Floki Inu está desenvolvendo um jogo metaverso NFT chamado Valhalla, onde a criptomoeda será a moeda preferida. Ganhou propulsão após um tweet do Elon Musk.

Shitcoin

Shitcoin é um termo usado para criptomoedas inúteis que existem no mercado. Criptomoedas que foram criadas sem um propósito definido, que não propõe resolver nenhum problema, não trazem nenhuma inovação. Muitas vezes eles são copias de outros projetos, em outros casos, levam o nome ou parte do nome de outro projeto famoso.

Em alguns exemplos, artistas, clubes de futebol, e até twitters já viraram shitcoin. Um bom exemplo de shitcoin é a Dogecoin, uma criptomoeda criada como uma piada, com o meme de um cachorro que estava bombando na época. A Dogecoin caiu nas graças da comunidade e hoje em dia é bastante negociada. Porém, ela foi criada como uma piada, não propõe soluções e seu código não é atualizado.

Não é o caso da Dogecoin, porém, em muitos dos casos, além de inúteis eles são um golpe, que classificaria como um token scam, em outros casos eles viram um token meme, com algum tipo de piada, porem nem utilidade nenhuma.

Desde que não seja um golpe, é possível ganhar dinheiro no curto prazo com isso.

Muitos investidores entram neste mercado focando comprar estes ativos lixos para uma possível valorização rápida.

Porem, preciso deixar claro que é extremamente arriscado e se você não souber diferenciar exatamente um token meme de um token scam, vai acabar perdendo seu dinheiro, então pense muito bem sobre este tipo de investimento.

É interessante que você conheça e saiba diferenciar estes tokens de projetos verdadeiros.

Nós não recomendamos a compra desse tipo de projeto, principalmente no seu lançamento, pois, o risco é muito desproporcional aos benefícios.

Você precisa saber que milhares de tokens são lançados todos os dias, e 99,99% deles são algum tipo de golpe ou brincadeira. Em muitos casos os golpistas montam todo o esquema, com redes sociais, grupos de telegram, contratam youtubers sem responsabilidade para divulgar os projetos shitcoins deles.

Infelizmente algumas corretoras acabam listando tokens shitcoins, pois elas visão somente o lucro, então mesmo que o token esteja listado em alguma corretora, faça sua analise antes de comprar, ok?

E no final das contas, quando o token não tem nenhum produto, o produto é você. Ou seja, é somente para pegar seu dinheiro que eles estão trabalhando.

Você deve estar se perguntando como fazer para identificar um Shitcoin. Para isso, vou indicar alguns indícios:

1. COPIAS DE PROJETOS VERDADEIROS OU MESMO DE OUTRAS SHITCOINS QUE FIZERAM SUCESSO
2. SITES MAU PRODUZIDOS
3. REDES SOCIAIS CHEIAS DE FAKE
4. GRUPO DE TELEGRAM MUITO OTIMISTA PARA ALGO QUE NÃO TEM UTILIDADE
5. CONTRATO CHEIO DE FALHAS E BACK DOORS
6. ALTA CONCENTRAÇÃO DE SUPPY EM POUCAS CARTEIRAS
7. FALTA DE LIQUIDEZ, COM TRAVA PROPORCIONAL
8. DESENVOLVEDORES ANÔNIMOS

Curiosidades

Possivelmente, você se sente perdido em como decidir em quais novos projetos investir. Afinal, como já falamos, "nascem" diariamente muitas opções de cripto. Como escolher uma delas?

Primeiro, faça uma análise técnica! A análise técnica (TA, na sigla em inglês) é o estudo dos movimentos de preços por meio do uso de gráficos. Como já falamos, a psicologia humana tende a se repetir com o tempo, por isso, os gráficos são importantes. Para isso use os seguintes sites:

https://br.tradingview.com/

https://coinmarketcap.com/pt-br/

https://www.coingecko.com/pt

https://www.marketcapof.com/pt/

https://defillama.com/

https://app.intotheblock.com/

https://www.lookintobitcoin.com/

https://stats.buybitcoinworldwide.com/

Segundo, esteja atento às notícias! Como você vai se informar de que um novo projeto surgiu? Sobretudo, você precisa de fontes confiáveis, por isso elencamos aqui alguns opções confiáveis por onde você poderá extrair notícias:

https://br.beincrypto.com/

https://br.investing.com/analysis/cryptocurrency

https://livecoins.com.br/

https://cointelegraph.com.br/

Em terceiro lugar, consulte portifólio por meio dos sites:

https://coinstats.app/

https://coinmarketcap.com/pt-br/

E por fim, não abra mão da análise fundamentalista que é a ferramenta usada por traders para avaliar e estudar as variáveis que afetam um valor. Com o tempo (e estudo) você vai adquirir o conhecimento necessário para lidar com essas variáveis. Mas, sobretudo você poderá contar inicialmente com os sites abaixo:

https://moonarch.app/

https://tokensniffer.com

https://www.honeypot.is/

http://www.bscheck.eu/

https://app.unicrypt.network/

https://bubbles.moonlighttoken.com/

https://whois.domaintools.com/

Fizemos uma explanação das principais criptomoedas atuais, para que você possa se familiarizar com eles. E agora como você já sabe quais são, precisamos compreender a funcionalidade das criptomoedas para que no dia a dia você saiba lidar com elas.

Um ponto muito importante são as corretoras, afinal, você precisa saber reconhecer boas oportunidades em boas corretoras, para fazer o melhor uso do seu dinheiro. Nesse sentido, existem dois tipos no mercado: as corretoras centralizadas e as descentralizadas e vamos explanar detalhadamente sobre cada uma delas nos próximos capítulos.

As corretoras centralizadas (CEX) as mais tradicionais, por onde ocorre os maiores volumes de negociação. No entanto, as corretoras descentralizadas (DEX) têm ganhado cada vez mais participação no mercado por permitirem uma negociação direta entre os usuários, sem a necessidade de intermediadores.

Vamos lá, aprender sobre as CEX e DEX?

Cap. VIII: CORRETORAS CEX e DEX

CEX é uma empresa, que normalmente está disponível através de um website e aplicativos para celular e tem por objetivo conectar compradores e vendedores de criptomoedas.

Sendo assim, listam quem deseja comprar e quem deseja vender por meio do "livro de ordens".

Geralmente as corretoras contam com gateway bancários, conexões para que você consiga transferir dinheiro da sua conta-corrente para a corretora ou mesmo usar o cartão de crédito para comprar criptomoedas.

Além disso, as corretoras centralizadas contam com "formadores de mercado profissionais"

Que são instituições operando em alta frequência, comprando e vendendo, criptomoedas, de forma abundante, para ganhar dinheiro com uma pequena variação de preço. E ao colocar um grande volume de ordens, eles dão liquidez para a corretora.

Liquidez é a facilidade de você converter um ativo em dinheiro. Sendo assim, quando dizemos que uma corretora tem muita liquidez, estamos dizendo, na verdade, muito fácil você conseguir vender ou comprar criptomoedas por meio dela.

E quanto mais fácil, mais barato fica, pois você não precisa colocar uma ordem de compra com preço acima de mercado para conseguir executar sua ordem.

Outro ponto importante de uma corretora centralizada é a custódia dos ativos. Normalmente, a custódia fica sob responsabilidade da corretora. Desta forma, o usuário possui apenas a "promessa de saldo", uma vez que quem possui as senhas das carteiras na blockchain é efetivamente somente a corretora, desta forma, a qualquer momento sua conta pode ser bloqueada e você não conseguira acessar seus fundos.

No mundo das criptomoedas existe até um ditado sobre isso: "sem sua senha, sem suas moedas"

A título de informação, no mês de junho de 2022, segundo o site da coinmarletcap, as 5 maiores corretoras do mundo negociaram juntas 40 bilhões de dólares em 24h. Sendo assim, compreendemos que as CEX possuem um enorme volume de negociações quando comparadas com as DEX.

A principal vantagem de usar uma corretora centralizada é a comodidade de você pode comprar criptomoedas com seu dinheiro fiduciário. Você pode simplesmente enviar um pix para a corretora e comprar bitcoin com reais, por exemplo, tornando o processo bem simples e rápido.

Outra vantagem é que a corretora fica responsável por fazer a custódia das criptomoedas.

Se você comprar 10 Bitcoins e deixar na corretora, ela vai fazer todos os procedimentos que a carteira dela fique segura, investindo em cyber segurança e colocando vários níveis de proteção. Muito mais do que 1 usuário comum poderia fazer.

Além disso, outra grande vantagem é a maior liquidez para comprar ou vender, deixando assim as operações mais baratas.

Quando se trata de taxas, as corretoras centralizadas costumam ser mais vantajosas que as corretoras descentralizadas.

Existe também uma questão regulatória, que dependendo da corretora que você escolha, você terá que cumprir certos requisitos para abertura e movimentação da conta.

Este processo é conhecido como KYC (conheça seu cliente) e AML (prevenção de lavagem de dinheiro)

Normalmente este processo consiste em você informar seus dados e até enviar fotos de documentos

Por último, por ser uma empresa que busca lucro, as corretoras sempre vão trazer novas opções e produtos e serviços que podem aumentar a sua comodidade e segurança como usuário.

No entanto, nem tudo são flores, não é mesmo? Preciso te orientar sobre as desvantagens das DEX. A principal desvantagem em usar uma DEX é que você está terceirizando a custódia das suas criptomoedas. Isso que dizer que caso a corretora suma do mapa, você nunca mais vai ver suas criptomoedas, afinal, elas estavam no cofre da corretora.

Outra coisa menos dramática, porem ruim igual é o bloqueio de contas, onde você não vai conseguir acessar seu dinheiro, e em corretoras estrangeiras fica mais complicado, pois a comunicação provavelmente não será em português.

Além disso, a corretora, pode, por livre e espontânea vontade, travar algumas movimentações, impedindo você de acessar algumas oportunidades de compra ou venda.

Outro ponto para você analisar é em relação à privacidade, você precisa informar seus dados, com fotos de documentos e dependendo da quantidade de dinheiro que você na corretora, pode não ser uma boa ideia para você se expor tanto.

O que faz um bom corretor de criptomoedas? Primeiro, eles precisam ter uma ampla seleção de criptografia. Em segundo lugar, o serviço geral do corretor, incluindo plataforma de negociação e abertura de conta, deve atender a altos padrões

Atualmente existem aproximadamente 488 CEX de criptomoedas com um volume total de negociação em 24h de US$ 100 mil milhões. Como você já deve saber estão no top 3 a Binance, Coinbase Exchange e OKX. Apesar dessas, quero te apresentar algumas CEX muito interessantes.

Vamos à prática? Quero te apresentar algumas CEX! Vamos começar com a maior corretora de Criptomoedas do mundo, a Binance!

Binance

A Binance é uma plataforma de negociação de criptomoedas que oferece algumas das taxas mais competitivas do mercado. E você precisa ter uma conta nela! Inclusive, vamos te ensinar passo a passo em como fazê-lo!

A principal vantagem da Binance e que a fazer ser uma é uma das maiores plataformas de criptomoedas do mundo é a segurança!

A Binance não oferece negociação sem taxas. No entanto, suas taxas são baixas em comparação com as melhores corretoras de criptomoedas que cobram taxas e comissões. A maior taxa de negociação à vista é de 0,1%. Dado que os custos em algumas plataformas de criptomoedas para primeiro depositar dinheiro e depois comprar criptomoedas podem totalizar mais de 5%, as taxas baixas são uma das razões pelas quais eu uso a

Binance para muitos dos meus investimentos em criptomoedas.

Vamos lá, abrir sua conta?

- Primeiramente, acesse a página de registro da conta e selecione "Brasil".
- Na próxima página escolha a opção "criar uma conta pessoal" (para PF)
- Escreva seu e-mail e crie a sua senha
- Crie também seu ID de identificação
- Concorde com os termos e condições de uso
- Confirme que você não é um robô
- Confira seu email, pois nele você vai receber um e-mail de verificação. Digite o código que recebeu no campo indicado
- Fique atento à solicitação de verificação do número de telefone

Prontinho! Agora você já tem a sua conta na Binance! No entanto, você precisa verificar seu KYC. O KYC, sigla em inglês para as verificações Know Your Customer (Conheça seu Cliente), é uma importante ferramenta de segurança que exige dos provedores de serviços financeiros a identificação de seus clientes.

A verificação de identidade requer informações que podem ser usadas para – é claro – verificar sua identidade, como uma carteira de identidade válida, contas de serviços públicos contendo seu endereço residencial, passaporte, etc. Os requisitos de documentos de identidade variam de instituição para instituição e até de região para região.

Os clientes geralmente são obrigados a enviar documentos de verificação de identidade durante a abertura da conta e às vezes, quando houver uma alteração nas informações pessoais do usuário. Por exemplo, se você alterar oficialmente seu nome alguns meses depois de criar sua conta, será necessário atualizar suas informações pessoais.

Se você não concluir o processo KYC, talvez não consiga acessar todos os recursos em uma troca de criptomoedas. Segundo o site The Capital Advisor, a forma de concluir o processo de KYC é:

Como fazer verificação KYC na Binance

1. Entre no site ou aplicativo da **Binance**. Entre na **Binance** fazendo o login com seus dados, se você já é usuário. ...
2. Clique em Identificação. No canto superior direito, clique no avatar do seu perfil e vá em "Identificação".
3. Clique em **Verificar**. ...
4. Conclua a **verificação**."

Agora que você já possui sua conta é hora de fazer o seu primeiro depósito! E vamos te ensinar como! Para isso é preciso ter instalado o Binance Pay. Vamos te ensianar a maneira de converter o seu dinheiro em criptomoedas. Veja abaixo:

Etapa 1: na área de trabalho, vá para Comprar criptomoeda e selecione Depósito com cartão. No aplicativo, vá para Carteiras e, em Visão geral, toque em Depósito.

Etapa 2: selecione uma das moedas fiduciárias suportadas pela Binance e selecione Cartão bancário nas opções de pagamento.

Passo 3: Insira o valor da moeda fiduciária que você deseja depositar. Selecione seu cartão de crédito ou débito preferido ou até mesmo insira um novo e confirme a transação assim que solicitado.

Etapa 4: Vá para Mercados, procure um par de negociação que suporte sua moeda fiduciária depositada e entre na tela de negociação desse par.

Etapa 5: faça uma negociação à vista usando sua moeda fiduciária depositada para comprar sua criptomoeda preferida. Para mais detalhes, você pode consultar nossas Perguntas frequentes sobre negociação à vista.

Agora você já pode comprar sua primeira criptomoeda! Está preparado? Comece logo o seu processo, já te damos várias dicas super válidas para você iniciar no mercado de cripto.

No entanto, apesar da Binance ser a maior CEX do mundo, ela possui muitas outras concorrentes! E aqui vamos citar algumas para que você entenda que não é somente a Binance que existe, mas sim, existem corretoras menores muito boas.

Gate.io

A começar pela sexta maior corretora de criptomoedas do mundo, a Gate.io Ela não é tão conhecida como a Binance, no entanto, hoje é transacionado mais de dois bilhões de dólares por dia nesta corretora, muita coisa, não é? Até o momento não houve nenhum escândalo que possa comprometer a idoneidade da empresa. Logo, você pode confiar!

Por meio da Gate.io é possível efetuar depósitos, saques, acompanhar gráficos, compra e venda de criptos e staking, assim como na Binance.

Huobi

A Huobi Global foi fundada em 2013 em Pequim para fornecer uma plataforma de negociação de criptomoedas, ela é a sétima maior corretora do mundo, considerando o volume de transações. Ela permite que os usuários comprem, vendam, apostem e emprestem uma ampla variedade de criptomoedas, fornecendo um ecossistema abrangente para traders e investidores experientes em criptomoedas, possuindo um volume de quase 2 bilhões de dólares por dia.

No Brasil, essa corretora atua fortemente. Inclusive possui parceria com a Capitual, a mesma plataforma que permite depósitos em BRL (Real) para a Binance. No entanto, a CEX não conseguiu garantir a conformidade regulatória nos principais mercados, e os iniciantes podem ter dificuldades com a infinidade de ferramentas e recursos da plataforma.

Huobi Global é uma das CEX de criptomoedas mais líquidas do mundo, fornecendo liquidez profunda nos populares pares de negociação BTC/USDT e ETH/USDT.

Corretora CRYPTO.COM

Uma CEX que vem se popularizando no mercado é a Crypto.com é que surgiu em 2016, e possui uma extensa lista de criptomoedas suportadas, as taxas são transparentes e competitivas com descontos disponíveis, ou seja, é uma corretora acessível! Na crypto.com é fácil de converter o seu dinheiro e tem sido uma corretora muito utilizada por iniciantes, por ser muito acessível.

CORRETORAS DESCENTRALIZADAS

DEX é um mercado ponto a ponto onde os usuários podem negociar criptomoedas de maneira não custodial, sem a necessidade de um intermediário para facilitar a transferência e custódia de fundos. DEXs substituem intermediários – tradicionalmente, bancos, corretoras, processadores de pagamento ou outras instituições – por contratos inteligentes baseados em blockchain que facilitam a troca de ativos.

Em comparação com as transações financeiras tradicionais, executadas por intermediários e oferecem uma visão extremamente limitada de suas ações, as DEXs oferecem total transparência na movimentação de fundos e nos mecanismos que facilitam a troca. Além disso, como os fundos do usuário não passam pela carteira de criptomoedas de terceiros durante a negociação, as DEXs reduzem o risco de contraparte e podem diminuir os riscos de centralização sistêmica no ecossistema de criptomoedas.

Na prática, é como uma conta bancária, mas a diferença é que você é o responsável por ela. Falando assim pode parecer complexo, mas se compararmos ao Pix que temos no Brasil, vai facilitar o entendimento.

Quando é criada uma carteira DEX, são geradas uma sequência de palavras que funcionam como uma senha de recuperação. É necessário ressaltar que você deve guardar com fervor essas palavras e não compartilhar com ninguém. Indicamos que uma pessoa de muita confiança tenha acesso, caso ocorra algo com você. A exemplo, uma esposa que saberá onde encontrar essa informação, caso você esteja impossibilitado. Entenda a necessidade de guardar bem isso, pois na história existem casos de quem possuía o Bitcoin, por exemplo, mas perdeu a senha... É como se você tivesse enterrado um baú do tesouro e perdido o mapa.

Mas enfim, após a criação da carteira, é gerado um endereço, de novo é possível comparar com uma conta bancária. É o endereço se onde suas moedas ficaram armazenadas e por onde você vai recebê-las.

Importante ressaltar, qualquer um poderá visualizar seus fundos a partir do endereço da carteira, mas não te identificar, no caso de uma carteira descentralizada.

O que eu dissertei agora são chamadas de Hot Wallets (Carteiras Quentes), carteiras conectadas à internet. Porém existem as Cold Wallets (Carteiras Frias), que são dispositivos físicos (Hardwares) onde a segurança é maior, mas a acessibilidade é comprometida.

Para que você se familiarize com DEX de perto quero te mostrar algumas delas, a começar pela PancakeSwap.

PancakeSwap.

A Pancake é executada dentro da Blockchain Binance Smart Chain (BSC), e possui o token nativo CAKE, como se fosse o BNB da Binance. O Cake é um importante token DeFi por fazer parte de uma corretora Descentralizada. Ela foi lançada em setembro de 2020 por desenvolvedores anônimos, utilizando a base da Uniswap, considerada a primeira corretora descentralizada existente, que pertence a rede Ethereum.

Assim como os outros protocolos descentralizados, a Pancake utiliza um mecanismo criador de um mercado automatizado, que consegue efetuar as operações entre os investidores sem uma plataforma centralizada. Tudo acontece por meio da criação de liquidez pelos próprios usuários da corretora.

Atualmente a pancake já ultrapassou a Uniswap em volume de negociação, talvez pela popularização das criptomoedas e as taxas da rede serem bem mais baixa que a da Ethereum.

Mas, porque utilizar uma corretora DEX, sendo que tempos grandes corretoras centralizadas e seguras?

Além da velocidade das transações e baixas taxas. As corretoras centralizadas possuem um acervo muito maior de opções de Tokens. É por aqui que você consegue comprar um token no começo, quando ainda tem um valor baixo e ainda não foi listado nas grandes corretoras. Corretoras centralizadas exigem alguns critérios para listar uma determinada criptomoeda, já nas descentralizadas é possível que você mesmo crie seu token, injete liquidez e lance seu próprio projeto.

O que se torna uma via de mão dupla, pois é aqui é um Lado B das criptomoedas, e onde estão a maioria dos golpes e projetos sem fundamentos nenhum. Não que dizer que você não deve utilizar, muito pelo contrário. É uma ótima forma de diversificação, porém é importante você saber o que está fazendo e se proteger.

Uniswap

A Uniswap é um importante DEX que roda na blockchain Ethereum. A grande maioria das negociações de criptomoedas ocorre em CEX, como já sabemos. No entanto, as DEX vem crescendo. A exemplo a Uniswap que foi construída em 2018 em cima do blockchain Ethereum, o que o torna compatível com todos os tokens ERC-20 e infraestrutura.

O Uniswap também é totalmente de código aberto, o que significa que qualquer pessoa pode copiar o código para criar suas próprias DEX. Ele ainda permite que os usuários listem tokens na exchange gratuitamente. As trocas centralizadas normais são orientadas para o lucro e cobram taxas muito altas para listar novas moedas, portanto, isso por si só é uma diferença notável. Como o Uniswap é uma troca descentralizada (DEX), isso também significa que os usuários mantêm o controle de seus fundos o tempo todo, em oposição a uma troca centralizada que exige que os comerciantes abram mão do controle de suas chaves privadas para que os pedidos possam ser registrados em um banco de dados interno em vez de do que ser executado em um blockchain, que é mais demorado e caro. Ao manter o controle das chaves privadas, elimina o risco de perder ativos se a exchange for invadida. Conforme os últimos números, a Uniswap é atualmente a quarta maior plataforma de finanças descentralizadas (DeFi) e possui mais de US$ 3 bilhões em ativos criptográficos bloqueados em seu protocolo.

Curiosidades: O QUE É DEFI

DeFi é a sigla para "Decentralized Finance". Em português, "finanças descentralizadas". O DeFi é um protocolo que busca retirar os intermediários das transações financeiras -- sejam os bancos ou as próprias corretoras de criptomoedas.
Isso pois, a maioria dos projetos de DeFi são open source, de código aberto, e não dependem de nenhuma empresa. É por isso que os projetos também não têm origem em uma região específica, mas são muito pautados pelas comunidades. As transações são do tipo "peer to peer", de pessoa para pessoa. As operações em protocolos DeFi são descritas e executadas por algoritmos e smart contracts (contratos inteligentes, na tradução para o português), que são programas de computador autoexecutáveis. Um exemplo prático para visualizar como um deles funciona é um empréstimo: Um indivíduo pode pegar dinheiro com outra pessoa em uma negociação peer-to-peer. A forma de transferência, os valores, os juros, a garantia e todos os pormenores são previamente definidos nesses contratos automatizados, e colocados em prática por eles.

Não há necessidade de recorrer a um banco ou outra entidade, com suas taxas salgadas, para intermediar a operação.

EXEMPLOS

Exchanges descentralizadas: As DEX, como também são chamadas, são corretoras nas quais os usuários podem negociar criptomoedas entre si (peer-to-peer) sem intermediários. Nessas plataformas, tudo é controlado por algoritmos e contratos inteligentes. Dois exemplos de DEX são a Uniswap (UNI) e a PancakeSwap (CAKE) que já falamos aqui.

Plataformas de empréstimo: Funcionam como bancos e financeiras, e dão aos usuários a possibilidade de pegar empréstimos em criptomoedas. A diferença é que não há intermediários, e tudo é regido pelos smart contracts. No geral, é preciso deixar ativos digitais como garantia para ter acesso aos recursos. MakerDAO e Compound são alguns exemplos.

Stablecoins : São criptomoedas pareadas em algum ativo, como ouro, prata ou moedas fiduciárias (dólar, euro, real e outras). Dois exemplos são o Tether (USDT) e o USD Coin (USDC). Cada unidade equivale a um dólar. Essa classe de ativo, portanto, busca a estabilidade.

Trader Joe

Agora vamos falar de um DEX não tão conhecida, mas não quer dizer que não seja uma boa opção: a Trader Joe! Que é hoje o principal protocolo DEX da Avalanche, onde os usuários podem trocar, apostar ativos, investir em pools de liquidez, participar de ofertas iniciais de Dex e muito mais.

A Joe tem um volume de transações em média 30 milhões a cada 24h, que é um número baixo se comparado as anteriores. Mas possuem quase 200 moedas já listadas com mais de 500 pares para negociação. Foi Lançado oficialmente em agosto de 2021, como o objetivo de ser o balcão único de todos para todos os serviços DeFi realizados na rede Avalanche. Enquanto o token JOE atualmente possui um valor de mercado de 160 milhões de dólares no momento da redação, o Trader Joe detém até 1,5 bilhão de dólares em ativos sob gestão, de acordo com seu site oficial. Também possui um volume diário de negociação que varia muito entre 50 milhões de dólares e até 300 milhões em negociação de ativos, swaps e outros serviços.

No próximo capítulo vamos te dar informações importantes para você começar a investir em criptomoedas. São conhecimentos que vão te ajudar a entender no dia a dia a como fazer a análise para comprar ativos em cripto.

Curiosidades:

Uma das principais diferenças entres as DEX e CEX é a liquidez, não é mesmo? Mas, você entende exatamente o que é uma liquidez?

A liquidez em criptoativos é a capacidade de uma criptomoeda ser comprada ou vendida. Resumindo, a liquidez é a facilidade que o investidor tem de transformar um ativo em dinheiro, ou seja, uma moeda que se possa utilizar.

Resumidamente, a liquidez é a facilidade de se desfazer de uma criptomoeda, isso é, trocá-la por dinheiro sem perdas de valor da moeda.

Quanto mais rápido uma cripto for convertida em real, maior será sua liquidez.

Isso é refletido pelo volume de compra e venda do ativo. Se houver muita movimentação a liquidez do ativo aumenta.

A cripto que possui maior liquidez hoje é o Bitcoin, além de ser a mais conhecida, é a cripto que mais ocorre operações (Volume de compra e venda).

O Ethereum é outro ativo qual a liquidez é bem grande, pois também é bem popular.

Quem investe na bolsa de valores sabe que, para investir ou resgatar o dinheiro, existe horário de funcionamento, e as transações só podem ser feitas durante a semana. Já no mercado cripto isso não acontece, é possível operar 7 dias na semana, 24 horas. E é a liquidez que proporciona esta facilidade.

Uma criptomoeda com liquidez alta, significa que já possui uma certa confiança no mercado, e isso é muito importante para a tomada de decisão.

É necessário além de observar o valor de uma criptomoeda, observar também o Market Cap e a liquidez.

É através do marketcap (Valor Investido dentro do projeto) que a criptomoeda valoriza ou perde valor.

Por exemplo, se uma criptomoeda possui 100 milhões de Market Cap, quando ela dobrar esse valor, chegando a 200 milhões, significa que o preço dela também dobrou. E quando isso acontece você obtém 100% de lucro.

Não se assuste com estes números, pois no mercado cripto um ativo com esse MarketCap é considerado bem pequeno.

Mas voltando a liquidez, se você por acaso obtiver um lucro de 100 mil reais, e queira retirar este lucro, deve a liquidez seja maior que isso para que seja possível a retirada do dos seus lucros, caso o oposto não será possível efetuar a transação no momento. Ao menos não do valor cheio.

Uma moeda de alto Market Cap e Liquidez, traz mais segurança ao projeto, porém uma com menores número te traz exponencialmente mais ganhos, ou mais perdas se o valor diminuir.

Da mesma forma que o valor investido pode se valorizar 10 vezes, também pode cair e você perder todo o seu capital, tão rápido que você pode nem perceber.

Então é necessário saber o que está fazendo no mercado, em moedas de menor Market Cap e liquidez, caso você vá investir. É importante investir um valor pequeno, que você possa perder. Pois pouco pode virar muito, ou virar pó do dia pra noite.

Uma moeda com liquidez baixa, possui a volatilidade muito alta, além de ser mais fácil das famosas Baleias manipularem o mercado.

Porém a rentabilidade em caso de uma alta é exponencialmente alta.

Temo exemplos hoje da Shiba Inu, uma Meme Coin que se tornou Altcoin. Um gerente de supermercado investiu 8 mil dólares que se tornaram 5 Bilhões de dólares, em cerca de um ano.

Esse é o poder do mercado cripto.

Porém não é só porque o market cap e liquidez são baixas que você terá lucros absurdos, o projeto pode não ir para frente ou mesmo derreter, caso percam interesse na moeda.

Antes de comprar uma moeda, você precisa analisar e estudar o projeto, para que então decida se a proposta vale a pena para você.

Cap. IX: Carteiras digitais quentes e frias:

Uma carteira digital (ou carteira eletrônica) é um aplicativo de transação financeira executado em dispositivos móveis. Ele armazena com segurança suas informações de pagamento e senhas. Esses aplicativos permitem que você pague ao fazer compras usando seu dispositivo para que você não precise carregar seus cartões. Você insere e armazena suas informações de cartão de crédito, cartão de débito ou conta bancária e pode usar seu dispositivo para pagar compras.

Sendo assim, a carteira não serve para guardar suas moedas, ela guarda a sua senha!
Isso mesmo, tokens, moedas ou criptomoedas, como queira chamar, na verdade é só um saldo no livro razão da blockchain.

Então, para você compreender perfeitamente o conceito, a blockchain é uma sequência de blocos com o estado atual de todas as contas.

Por exemplo, se a sua conta é a numero 123456 e está na blockchain que você possui o saldo de 6 moedas não gastas, ou seja, 6 moedas disponíveis. Porem, para ter acesso para gastar estas moedas a blockchain exige que você tenha a senha daquela conta.

E é ai que entra a carteira de criptomoedas. Ela, basicamente, se conecta com a blockchain para enviar a senha e a transação que você quer fazer, de maneira mais amigável. E mantem sua senha a salvo

Curiosidade:

Você não precisa nem de carteira para interagir com a blockchain, sabendo codificar, você através de linguagem de programação você pode movimentar seu saldo, de qualquer computador ou celular, basta saber sua senha.

Fora do mundo da cripto, todos nós já usamos uma carteira digital, a exemplo: ApplePay
Carteira virtual do Google e PayPal.

A vantagem é que são bem simples e fáceis de usar, e são em sua maioria grátis. Você usa totalmente de graça.

A desvantagem é que por estarem armazenadas em um dispositivo conectado a internet, a qualquer momento um hacker pode manipular seu computador ou celular e conseguir acessar sua senha, dando acesso a todo seu saldo.

Como recomendação de segurança em carteiras digitais deixe somente o saldo da movimentação diária. e use como local seguro uma carteira fria para guardar o dinheiro.

Vamos à prática? Conheça uma carteira digital: a MetaMask!

A MetaMask é uma carteira digital que surgiu com o propósito de guardar os seus tokens da Ethereum, A ETH é a segunda maior criptomoeda atual do mercado, depois do Bitcoin. Contudo, a maior diferença em relação a ele é que o seu objetivo é ir além das transferências financeiras das criptomoedas.

Em outras palavras, a Ethereum incentiva o uso da tecnologia do Blockchain para armazenar demais informações relevantes, como contratos, votações, registros, imagens, entre outros.

Dessa forma, a MetaMask surge como uma das principais carteiras digitais para armazenar os tokens, mas ressaltamos que ela não é a única, tendo apenas maior popularidade.

Para os investidores, a maior vantagem que a MetaMask apresenta é o controle financeiro no mundo das criptomoedas. Esse controle é essencial para evitar que o investidor tenha prejuízos financeiros.

A Metamask, é particularmente a minha preferida. Acesse e instale para ter conhecimento sobre uma carteira digital!

Além da Metamask, existe a TRUSTWALLET e tantas outras carteiras quentes! A principal diferença entre uma carteira quente e uma carteira fria é que um dispositivo de armazenamento "quente" tem acesso à Internet, enquanto uma carteira fria não o têm. Isto significa podem ser mais vulneráveis se os hackers quiserem acesso; no entanto, pode negociar em plataformas que oferecem este tipo de funcionalidade

Um benefício para carteiras quentes é a facilidade de uso. Como eles estão sempre online, não há necessidade de fazer a transição entre offline e online para fazer uma transação de criptomoeda. Por exemplo, muitas pessoas usam hot wallets móveis para negociar ou fazer compras com criptomoeda. Fazer isso com uma carteira fria seria inconveniente. Você precisaria encontrar um dispositivo (normalmente um computador) para conectar sua carteira fria, mover a quantidade necessária de criptomoeda para uma carteira quente e fazer sua compra.

Os usuários que detêm grandes quantidades de criptomoeda normalmente não mantêm quantidades significativas de criptomoeda em carteiras quentes. Embora uma carteira móvel quente não seja o mesmo que uma carteira analógica tradicional, uma semelhança é verdadeira: geralmente é uma má ideia manter muito dinheiro consigo. Assim como você pode sacar dinheiro de um caixa eletrônico, você pode enviar mais criptomoedas para sua carteira quente quando o saldo ficar baixo.

Geralmente, as carteiras de armazenamento a frio são bastante seguras. Roubar de uma carteira fria geralmente exigiria a posse física ou acesso à carteira fria, bem como quaisquer PINs ou senhas associados que devem ser usados para acessar os fundos. A maioria das carteiras de hardware são carteiras frias e vivem em dispositivos que parecem um pendrive de pequeno a médio porte. Carteiras de papel, bitcoins físicos ou um computador offline secundário usado para armazenar criptomoedas também são opções de carteira de armazenamento a frio. No entanto, embora ainda sejam bastante seguros, esses métodos caíram em desuso e foram substituídos por carteiras de hardware respeitáveis e de alta qualidade ou opções de armazenamento a frio muito seguras disponíveis em corretoras respeitáveis.

Dadas as desvantagens ao usar qualquer tipo de carteira criptográfica, uma combinação de carteiras frias e quentes geralmente é ideal. Você deseja encontrar um equilíbrio entre a acessibilidade de uma carteira quente e a tranquilidade e segurança de uma carteira fria. Muitos acabarão com várias versões de cada um: uma carteira quente de conta de câmbio, uma carteira móvel e uma carteira fria de hardware. Cada carteira criptográfica pode ser usada para uma finalidade específica, criando assim um equilíbrio entre facilidade de uso e segurança ao usar e negociar criptomoedas.

Para citar alguns exemplos de carteiras frias: TREZOR, LEDGER e SAFEPAL.

Cap X: ANÁLISE FUNDAMENTALISTA

A análise fundamentalista determina o valor intrínseco de um ativo, que deve ser uma medida objetiva de seu valor. Já falamos um pouco sobre ela nas curiosidades, no entanto, neste capítulo vamos nos aprofundar. Afinal, você precisa saber fazer uma análise fundamentalista para poder fazer boas decisões ao investir em criptomoedas.

Os mercados de criptomoedas são notoriamente voláteis. Mesmo moedas estabelecidas como Bitcoin e Ethereum estão sujeitas a flutuações repentinas. Investir em moedas e tokens mais novos traz um risco significativo, a menos que você entenda em que está investindo seu dinheiro.

A realização de análises fundamentais permite que investidores não técnicos e traders experientes negociem os movimentos do mercado com confiança. Armados com análise fundamental, os traders podem criar estratégias informadas com melhores chances de lucratividade.

Em comparação com a análise técnica, é útil para traders e investidores que têm um interesse aberto que visa prever a direção do mercado financeiro através do uso de indicadores técnicos como RSI, MACD e Bollinger Bands.

O objetivo da análise fundamental é produzir um valor quantitativo para um investidor analisar a perspectiva de um ativo. Avaliar a criptomoeda financeiramente envolve entender as condições de negociação dos ativos, incluindo sua liquidez, fatores circundantes e resposta do mercado.

Tudo isso prova ser uma valiosa análise fundamental de criptomoedas, especialmente ao avaliar a perspectiva antes de formular um plano de investimento.

Capitalização de mercado (valor de mercado)

O valor de capitalização de mercado é a representação do valor de uma rede. Pode ser calculado multiplicando o preço atual pela oferta de moedas em circulação. A capitalização de mercado pode oferecer avaliações enganosas se você não considerar outras métricas, como liquidez. Afinal, uma altcoin mal circulada com uma oferta total de 50 milhões e um punhado de transações trocadas a US$ 1 não significa que cada uma dessas moedas vale US$ 1.

Em geral, os investidores podem acreditar que as moedas de baixa capitalização de mercado têm maior potencial de crescimento, embora altas capitalizações de mercado também possam apontar para uma infraestrutura mais forte e poder duradouro. Embora moeda esquecida, carteiras perdidas e chaves irrecuperáveis signifiquem que nunca saberemos exatamente quantas moedas estão em circulação, a capitalização de mercado oferece uma aproximação do valor de rede de uma moeda.

Liquidez e Volume de Negociação

A liquidez também já foi falada nesse ebook, já aprendemos um pouco sobre ela. Mas, como usar o termo técnico de liquidez na análise fundamentalista?

Primeiro você precisa saber que a liquidez é uma medida de quão fácil é comprar e vender um ativo. Se um ativo de criptomoeda pode ser comprado ou vendido rapidamente sem alterar drasticamente o valor de mercado, a liquidez é forte. Uma moeda ou token de criptomoeda líquido terá muitos compradores e vendedores em um livro de pedidos esperando para ser preenchido. Isso, por sua vez, reduz o spread de compra e venda, que é uma medida sólida de liquidez.

O volume de negociação é um indicador útil da capacidade de uma moeda ou token de sustentar o impulso. A medida mostra quantas unidades de um ativo mudaram de mãos em um período específico. Se uma tendência de alta no valor for apoiada por um alto volume de negociação, é mais provável que os ganhos se mantenham. Por outro lado, as flutuações de preços sem volume de negociação significativo podem ser apenas pontos no radar.

Fornecimento Circulante

A oferta circulante de uma criptomoeda refere-se ao número total de moedas em oferta ativa que são acessíveis ao público. Diferente da oferta total ou da oferta potencial máxima, a oferta circulante não é estática e pode mudar ao longo do tempo, pois as moedas podem ser queimadas.

Os desenvolvedores podem aumentar o número de moedas ou tokens que circulam em um fornecimento centralizado. Com uma criptomoeda minerável, as atividades de mineração podem aumentar a oferta circulante.

Métricas do projeto

As métricas do projeto adotam uma abordagem qualitativa para avaliar o desempenho de uma criptomoeda. Eles se concentram em fatores internos e externos, como o objetivo da criptomoeda e como o projeto de criptomoeda opera.

Onde as métricas on-chain estão preocupadas com dados observáveis de blockchain, as métricas do projeto envolvem uma abordagem qualitativa, que analisa fatores como o desempenho da equipe (se houver), o whitepaper e o próximo roteiro.

<u>O Whitepaper</u>

É altamente recomendável que você leia o whitepaper de qualquer projeto antes de investir. Este é um documento técnico que nos dá uma visão geral do projeto de criptomoeda. Um bom whitepaper deve definir os objetivos da rede e, idealmente, nos dar uma visão de:

- A tecnologia utilizada (é de código aberto ?)
- O(s) caso(s) de uso que ele visa atender
- O roteiro para atualizações e novos recursos
- O esquema de fornecimento e distribuição de moedas ou fichas
- As metas parecem realistas?

Análise de fundo

Os sites de projetos de criptografia incluirão uma lista de membros de sua equipe. Pesquisar cuidadosamente os perfis de equipe e seus históricos pode lançar luz sobre o provável sucesso do projeto atual. A experiência e as realizações passadas devem ser bem documentadas, fornecendo informações sobre a equipe em que você confia para seguir o roteiro. Você também pode considerar os primeiros apoiadores ou consultores do projeto para avaliar a credibilidade.

Documento Técnico de Criptografia

O white paper criptográfico é um documento técnico que descreve o objetivo e a operação do projeto. É o mais importante dos documentos do projeto e deve conter, no mínimo, as seguintes informações: Soluções de tecnologia Blockchain; Casos de uso para a moeda; Recursos e atualizações planejadas; Economia de tokens e informações de venda

Informações da equipe; Examine o white paper com uma boa dose de ceticismo e procure avaliações de terceiros sobre o projeto;

Comparação de concorrentes

A competição de mercado elimina os vencedores dos perdedores. Fazer uma busca minuciosa pelos concorrentes do mercado identifica o cenário no qual cada projeto deve competir. Compreender o ecossistema geral é crucial para avaliar o potencial de um projeto.

Um whitepaper forte deve nos dar uma ideia do caso de uso que o criptoativo está direcionando. Nesta fase, é importante identificar os projetos com os quais está competindo, bem como a infraestrutura legada que pretende substituir.

Idealmente, a análise fundamental destes deve ser tão rigorosa. Um ativo pode parecer atraente por si só, mas os mesmos indicadores aplicados a ativos criptográficos semelhantes podem revelar que o nosso é mais fraco que os outros.

Roteiro do produto

A maioria dos produtos de criptografia tem um roteiro para o futuro, mostrando a linha do tempo para redes de teste, lançamentos e recursos recém-planejados. O roteiro deve oferecer um esboço claro dos desenvolvimentos futuros. Use o roteiro para medir a realização dos marcos.

O time

Se houver uma equipe específica por trás da rede de criptomoedas, os históricos de seus membros podem revelar se a equipe possui as habilidades necessárias para concretizar o projeto. Os membros já empreenderam empreendimentos bem-sucedidos nesse setor anteriormente? A experiência deles é suficiente para alcançar os marcos projetados? Eles estiveram envolvidos em projetos ou golpes questionáveis ?

Se não houver uma equipe, como é a comunidade de desenvolvedores? Se o projeto tiver um GitHub público , verifique quantos contribuidores existem e quanta atividade existe. Uma moeda cujo desenvolvimento tem sido constante pode ser mais atraente do que uma cujo repositório não é atualizado há dois anos.

Tokenomics e Utilidade

Tokenomics é a economia da oferta e demanda de tokens. A oferta e a demanda impulsionam o valor e o preço das criptomoedas. Quanto maior a demanda em relação à oferta, maior o preço. A teoria da Tokenomics também inclui a estrutura de incentivos usada para motivar o comportamento em uma rede.

A utilidade de um token representa o papel que ele pode desempenhar. Um token com mais casos de uso do mundo real pode atrair mais usuários e atenção.

Ambiente Sociopolítico

A pandemia de Covid-19 deu aos investidores um gostinho de uma crise verdadeiramente global e seu impacto nos mercados financeiros. À medida que a pandemia se desenrolava, todos os ativos, incluindo criptomoedas, foram vendidos. O Bitcoin caiu 58% entre 7 e 13 de março de 2020. Essa atitude de risco levou os investidores a fugir de ativos especulativos.

Em resposta à crise, governos de todo o mundo repassaram trilhões de dólares em pacotes de estímulo e as criptomoedas voltaram a ser favorecidas. Com os bancos centrais inundando o sistema com moedas fiduciárias, os investidores podem recorrer à criptomoeda como uma reserva de valor e um hedge de inflação.

Estruturas regulatórias incertas também podem interferir nos mercados de criptomoedas, com proibições repentinas de países como Turquia e China enviando sinais de que os governos ainda têm voz.

Comportamento do usuário

A análise fundamental deve dar aos investidores uma visão holística. E o comportamento do usuário é um dos fatores mais difíceis de avaliar. As mídias sociais, a comunidade de criptomoedas e o marketing, em geral, podem ter um grande impacto no comportamento do usuário e nos participantes do mercado, mas os efeitos podem ser difíceis de prever.

Afinal, alguns tweets de Elon Musk podem gerar um campo de moedas de cachorro e moedas de memes. Em geral, levar em conta os seguidores e o engajamento de uma rede indica o nível de comprometimento dos usuários com o projeto.

Ferramentas analíticas

À medida que o comércio de criptomoedas cresceu, a popularidade das análises – desde estatísticas de rede até análises técnicas de mercado – proliferou. O desafio educacional reside principalmente em filtrar todos os dados disponíveis publicamente em um formato utilizável.

Ferramentas de gráficos como TradingView , agregadores de notícias, rebalanceamento de portfólio e exploradores de blocos aprimoram um ambiente de criptografia rico em dados.

Considerações Finais

Com os passos básicos para você começar a fazer uma análise fundamentalista você começa a entrar com maior maturidade no mercado das criptomoedas. Como você já sabe, as criptos podem ser muito voláteis e surgem a todo o momento, por isso, para que você saiba arriscar com inteligência em novos projetos uma das principais práticas é aprender e estudar para saber fazer de forma coerente uma análise fundamentalista.

Sobretudo, nunca se esqueça que o objetivo maior no investimento de criptomoedas é uma gestão financeira do seu patrimônio de forma inteligente e surfando nas principais tendencias do mercado. Como já vimos, saber surfar a onda de crescimento do mercado é ter um perfil mais arrojado, mas isso não significa imprudente.

Além do mais, antes de qualquer decisão de investimento tenha autoconhecimento financeiro, ou seja, saiba priorizar você e sua família, saiba traçar metas coerentes para o seu futuro e para o futuro financeiro dos seus.

Quando um investidor está comprometido em crescer, ele se debruça em fazer o melhor para si e para os seus. E isso, com certeza, indica: estudar, estudar e estudar.

Este ebook visou ser um canal de conhecimento para que você amadureça no mercado de cripto, e não seja mais um daqueles que vão enlouquecidamente comprar criptos em alta sem diversificar e alocar bem o seu capital financeiro.

A sabedoria consiste na junção dos conhecimentos aplicando-os coerentemente à sua realidade. Nunca se esqueça de colocar os seus pezinhos na realidade, não quero ver nenhum investidor insatisfeito por ter investido erroneamente, ok?

Sobretudo, desejo prosperidade e sabedoria para que você aloque bem os seus capitais financeiros. Este ebook visou te dar o suporte teórico necessário para começar e progredir no mundo cripto, mas como você mesmo sentiu: há muito a aprender, há muito a fazer e há muito a estudar!

Foque, estude e prospere! Estamos aqui para colaborar com você.

www.ingramcontent.com/pod-product-compliance
Lightning Source LLC
Chambersburg PA
CBHW050303230526
45471CB00005B/2002